DU

SYSTÈME POLITIQUE

SUIVI

PAR LE MINISTÈRE.

DU

SYSTÈME POLITIQUE

SUIVI

PAR LE MINISTÈRE.

PAR

M. LE VICOMTE DE CHATEAUBRIAND,

PAIR DE FRANCE.

PARIS.

LE NORMANT, IMPRIMEUR - LIBRAIRE.

1817.

IMPRIMERIE DE LE NORMANT, RUE DE SEINE.

AVERTISSEMENT.

—

C'est un usage établi, dans le Parlement d'Angleterre, de s'enquérir de temps en temps de l'état de la nation. Cet usage sert puissamment les libertés et les intérêts de la patrie. Un combat corps à corps s'engage entre l'Opposition et le Ministère; et le public, intéressé à ce combat, en est à la fois le spectateur et le juge. Les règlemens de nos deux Chambres n'admettent pas cette manière de procéder; il seroit à désirer qu'elle fût introduite parmi nous : c'est pour y suppléer qu'on s'est déterminé à composer ce petit écrit, et à le publier au commencement de la présente Session.

Avant de le livrer à l'impression, on a cru devoir le communiquer à plusieurs membres de la Chambre dés Pairs et de la Chambre des Députés : ils ont pensé que la publication de cet écrit seroit utile, et que, dans tous les cas, elle ne pourroit avoir d'inconvénient que pour l'Auteur.

DU

SYSTÈME POLITIQUE

SUIVI

PAR LE MINISTERE.

———

On a voulu faire entendre que les royalistes, *par des obstacles accumulés, arrêtent
la marche du gouvernement, l'ébranlent, le
compromettent peut-être un moment* (1).

---

(1) Discours de M. le ministre de la police générale, dans la séance de la Chambre des Députés, du
15 décembre 1817.

Ce discours extraordinaire, qui n'a pas été publié
tel qu'il a été prononcé, étoit particulièrement di-
rigé contre un homme (M. de Villèle) dont les talens et le noble caractère font honneur à la France,
et sont l'espoir de tous les véritables amis de la monarchie légitime et constitutionnelle.

Les royalistes n'ont pas besoin d'être jus-
tifiés. On sait s'ils ont défendu la monarchie:
leurs malheurs le disent assez. On fera peut-
être, dans le cours de cet écrit, retomber
sur la tête de leurs accusateurs une accusation si injuste ; on prouvera peut-être que
ce ne sont pas les royalistes qui *compromettent* le gouvernement, mais les hommes
qui, par un faux système de politique, re-
tardent l'union de tous les Français.

Et puisque l'on s'obstine à défendre ce
système; puisqu'un ministre, dernièrement
encore, l'a vanté comme un chef-d'œuvre,
il faut donc montrer qu'il n'est qu'un chef-
d'œuvre d'inconséquences : à la fois violent
et foible, fixe pour la haine, changeant par
la peur; ce système offense les amours-pro-
pres et est antipathique au caractère français.
Vous commandez l'union et vous divisez; vous
établissez la liberté en théorie et l'arbitraire
en pratique ; vous ne parlez que de la Charte,
et vous demandez sans cesse des lois d'exception; vous vantez l'égalité des droits, et vous
vous efforcez de ravir à des classes de citoyens
leur droit d'éligibilité ; enfin vous isolez le
pouvoir, et vous faites du ministère le gar-

dien des intérêts de l'homme en place et non le protecteur des intérêts de tous.

Comment le ministère qui favorise ou qui subit le système a-t-il traité les hommes et les opinions?

Dans quel esprit a-t-il rédigé les lois?

Quel caractère politique la Chambre des Députés a-t-elle pris entre ses mains? et dans ses communications avec cette Chambre, le ministère a-t-il bien compris l'esprit de la Charte?

Voilà les points qu'il convient d'examiner.

La Chambre des Députés de 1815 déplut au ministère qui s'étoit placé dans la minorité, et qui crut pendant quelque temps qu'on pouvoit marcher de la sorte. Il s'aperçut bientôt que la chose étoit plus difficile qu'il ne l'avoit d'abord pensé. L'ordonnance du 5 septembre répara cette petite erreur.

Alors, nouvelles élections, circulaires du ministre de la police générale pour empêcher que les choix ne tombassent sur des individus trop ardens dans la cause du trône; surveillances levées, afin que les hommes frappés de mesures de haute police pussent aller voter aux colléges électoraux ; ordres donnés par les différentes Directions à tous les employés d'user de leur influence aux élections, s'ils ne veulent perdre sans retour la confiance du gouvernement ; commissaires envoyés dans les départemens pour prévenir la nomination de MM. de Bonald, Grosbois, Brenet, Villèle, Castelbajac, Forbin, Sérièys, Lachaise-Murel, Clermont-Mont-Saint-Jean, Kergorlay, Corbière, etc. Il faudroit nommer tous les membres de la majorité de la Chambre de 1815, puisque M. le préfet d'Arras disoit dans sa fameuse lettre : « Je suis autorisé à le dire, à le » répéter, à l'écrire : le Roi verra avec » mécontentement siéger dans la nouvelle » Chambre ceux des députés qui se sont » signalés dans la dernière session par un » attachement prononcé à la majorité oppo- » sée au gouvernement. »

Ces précautions prises, les élections commencent : dans quelques endroits elles se font aux cris d'*à bas les prêtres ! à bas les nobles* (1) ! Des colléges électoraux se sépa-

_____

(1) « Un ministre a dit à la Chambre des Députés

rent sans pouvoir terminer leurs opérations ;
trois départemens ne sont point représentés ,
et d'autres ne complètent que le tiers ou la
moitié de leurs élections.

Déclaré d'une manière aussi furibonde et
aussi inconstitutionnelle contre les royalistes, le ministère se vit dans la nécessité
de les poursuivre à outrance. Il y a long-
temps que Tacite a dit : On ne pardonne
point l'injure qu'on a faite. Alors se multi-
plièrent les mesures annoncées dans la *Monarchie selon la Charte.* En conséquence de
ces mesures, la condition des royalistes est
devenue pire qu'elle ne l'a été depuis qu'on
a cessé de les proscrire ; car alors, s'ils n'a-
voient rien, du moins étoient-ils respectés ;
s'ils ne pouvoient entrer comme élémens
dans le gouvernement usurpateur, du moins
on estimoit leur caractère, leur constance,
leur opinion même ; on se fioit à leur pro-

» qu'il n'avoit point eu connoissance qu'on eût
» exprimé, dans les colléges électoraux de 1816, ce
» vœu : *Nous ne voulons point de nobles ;* avoit-il
» donc oublié mon rapport en date du 7 octobre ? »
(*Mémoire de M. de Curzay.*)

bité ; on comptoit sur leur parole. Aujour-
d'hui quel rôle jouent-ils ? ils sont restés nus
comme ils l'étoient sous Buonaparte ; mais
ils n'ont plus ce qu'ils avoient, la considé-
ration pour supporter le présent, l'espérance
pour attendre l'avenir. Qu'avant la restauration ils subissent le joug, c'étoit une conséquence inévitable de leur position ; aujour-
d'hui la chose est-elle aussi naturelle ? Haïs
comme des vainqueurs, dépouillés comme
des vaincus, ils s'entendent dire : « N'êtes-
» vous pas contens ? N'avez-vous pas le gou-
» vernement que vous appeliez de tous vos
» vœux, pour lequel vous avez tout sacri-
» fié ? » D'autres les poursuivent avec l'an-
cien cri des assassinats, en appelant sur eux
la proscription comme nobles, comme mé-
ditant l'envahissement des propriétés natio-
nales. Et pourtant les acquéreurs de biens
d'émigrés cultivent en paix leurs champs au
milieu même de la Vendée : immortel exemple de l'obéissance aux lois, et de la religion
du serment chez les royalistes ! Ce sont de
tels hommes que l'on condamne à rester
sous la tutelle ministérielle, dont on met
l'honneur en surveillance, et qui sont inquié-

tés comme suspects de fidélité : il est vrai, ils peuvent être recherchés pour ce crime.

Non content de les traiter avec tant de sévérité, on les livre encore à la moquerie publique : on essaie de les-faire passer pour des imbécilles tombés dans une espèce d'enfance (1). Si Montesquieu avoit vécu jusqu'à nos jours, je doute que le ministère l'eût trouvé capable d'entrer au conseil d'Etat. Il semble qu'on s'efforce par tous les moyens possibles, même par ceux de l'amour-propre, d'extirper le royalisme pour arracher les racines du trône : on voudroit qu'il ne restât de la race fidèle que quelques tombeaux épars sur les rives de la Drôme et dans les champs de la Vendée.

Et pourquoi attaque-t-on les royalistes avec tant de courage ? Pourquoi ? parce qu'ils ne se défendent pas ! Leur vertu les perd ; leur honneur fait leur foiblesse : on les frappe sans crainte, sûr que l'on est

---

(1) On a répondu, dans *la Monarchie selon la Charte*, à ce ridicule reproche d'incapacité fait aux royalistes. Il y a des gens qui prennent la probité pour de la bêtise.

qu'ils ne repousseront jamais les coups qu'on leur porte au nom du Roi.

On s'excuse en disant que les intérêts de la révolution sont puissans, et qu'il faut beaucoup leur accorder. Cela est juste ; mais ces intérêts sont garantis par la Charte et par les lois. On doit les protéger : d'accord ; s'ensuit-il nécessairement qu'il faille persécuter les royalistes ? Dans tous temps on a méconnu quelques services ; mais il n'appartenoit qu'à la nouvelle école ministérielle de faire de l'ingratitude un principe de gouvernement.

« Les royalistes sont en si petit nombre ! » dites-vous. Seroit-ce une raison pour les proscrire ? Les royalistes sont très-nombreux, et les élections en offrent la preuve ; quand ils ne le seroient pas, quel avantage les ministres d'un roi trouvent-ils donc à prouver qu'il n'y a point de royalistes ? N'est-il pas de leur devoir d'en augmenter la race ? Au contraire, ils ont pris à tâche de multiplier les hommes d'une opinion différente. J'avois dit : faites des royalistes ; on a mieux aimé faire autre chose. Tel qui, au retour du Roi, se seroit estimé heureux d'être oublié, a appris qu'il étoit un personnage, et qu'on parloit de lui donner des garanties. D'abord il n'osoit se montrer, il sollicitoit humblement les amis du trône de lui faire obtenir son pardon : voilà qu'on lui déclare que c'est à lui de protéger les amis du trône. Tout étonné, il sort de sa retraite, il en croit à peine ses yeux, il est persuadé qu'on se moque de lui ; mais enfin il reconnoît, sans pouvoir le comprendre, que la chose est très-réelle, très-sérieuse ; que c'est à lui qu'appartiennent les récompenses et les honneurs ; que lui seul est un esprit éclairé, un homme habile, un grand citoyen. Il accepte avec dédain ce qu'on lui offre avec empressement : bientôt il devient exigeant, il parle de ses droits : c'est lui qui est l'opprimé, le persécuté, il réclame, il n'est pas satisfait : il ne le sera que quand il aura renversé la monarchie légitime.

Voilà comme de ce qui n'étoit rien on a fait quelque chose. On s'est plu à ranimer un feu dont les dernières étincelles commençoient à s'éteindre. Déplorable effet du système adopté : pour embrasser ce système, on fut obligé de soutenir que la France étoit révolutionnaire ; ensuite, pour n'avoir pas le démenti de ce qu'on avoit avancé, on se vit dans la nécessité de créer un parti qu'on supposa être celui de la révolution. Tel est l'enchaînement de nos vanités et de nos malheurs !

On a voulu, dites-vous, tenir la balance égale, ne placer le gouvernement à la tête d'aucun parti.

C'est d'abord une chose singulière que de regarder les royalistes comme un parti sous la royauté. Ensuite il n'est pas vrai qu'on ait tenu la balance égale. Les royalistes sont chassés ; leurs plus petites fautes sont punies avec une rigueur inflexible ; et la rébellion, les outrages aux drapeaux et au nom du Roi, trouvent des cœurs indulgens, excitent la pitié, la miséricorde. On s'attendrit sur le sort des conspirateurs. « Ce sont les royalistes qui » les ont poussés à bout ! » On destitue les autorités qui ont réprimé des rébellions. Ce n'est pas un moyen de plaire aux champions du système, que de découvrir des complots qui en révèlent la foiblesse, et en démontrent le danger.

Sous un rapport seulement, on agit avec

impartialité : le ministère veut bien oublier les outrages commis, et les services rendus pendant les cent-jours. Ce n'est rien d'avoir demandé aux alliés un roi quelconque à l'exclusion du Roi légitime ; mais aussi ce n'est rien d'avoir été amené pieds et poings liés à Paris, pour être fusillé en qualité de commissaire du Roi. Je me trompe ; ici même il n'y a pas égalité : on est amnistié pour avoir été à Gand....... Je supprime l'autre terme de comparaison.

On triomphe néanmoins, parce que tout marche encore paisiblement, que les dernières conséquences de ce système sont encore cachées dans l'avenir. Les petits esprits sont dans l'exultation et dans la joie ; mais qu'ils attendent. La révolution n'enfantera que la révolution : pour consolider le gouvernement de droit, il ne faut pas administrer d'après les maximes du gouvernement de fait ; pour n'avoir rien à craindre autour de soi, il ne faut pas que les agens du pouvoir écartent ses véritables amis : foible et imprudente politique ! Les méchans même ne croient point à la durée du bien qu'on leur fait, quand ils voient le mal qu'on fait aux honnêtes gens.

2

Leur conscience leur crie : « Si l'on traite ainsi
» le bois vert, que fera-t-on du bois sec ? »
On espère retrouver les royalistes dans le
danger ; on compte sur leur conscience, et
on a raison. Mais pourquoi ne pas aussi garder leurs cœurs ? Deux sûretés valent mieux
qu'une.

En dispersant les anciens amis du trône,
on achevoit de remporter sur les royalistes
une victoire si utile à la royauté ; en pesant
sur le grand ressort révolutionnaire, ce
ressort avoit produit son effet accoutumé.
Des brochures remplies de l'esprit de ces
paroles de bénédiction : *Guerre aux châ-
teaux, paix aux chaumières !* avoient heureusement ranimé, pour la paix et le bonheur de la France, la haine contre la
noblesse et contre la religion, c'est-à-dire
contre deux principes du moins consacrés
par la Charte, si on ne veut pas considérer
le premier comme un élément naturel de la
monarchie, et le second comme le fonde-
ment de toute société. Mais voici tout sou-
dain un changement de scène ; voici qu'au
milieu du triomphe un cri de détresse se fait
entendre : on avoit fait passer une loi des

élections dans les meilleures intentions du monde ; seulement on n'en avoit pas prévu les résultats : la frayeur s'empare des esprits ; il n'est plus question du système ; on ne pense plus à ce qu'on a fait aux premières élections contre les royalistes ; on les appelle au secours. Le 22 septembre on s'écrie : « Roya- » listes purs, royalistes constitutionnels, roya- » listes avant ou après la Charte, réunissez- » vous : c'est votre cause qui va se juger. » (*Journal des Débats.*) Et il falloit que les royalistes (dans un article précédent déclarés ennemis de la loi des élections) accourussent vite pour empêcher le mal qu'alloit faire cette loi ; et l'on supposoit des partis , des divisions, des nuances, après avoir répété cent fois que tous les partis étoient éteints; et l'on proclamoit des périls après avoir soutenu qu'il n'y avoit plus de périls, et que, grâce au système de l'administration, nous étions tous heureux et tranquilles. Le 23 septembre on disoit : « Choisissez des hommes contre les- » quels il ne soit pas possible d'alléguer le » 20 mars, quand ils parleront de justice et » de liberté. Royalistes, votre opinion est » divisée en plusieurs nuances; mais toutes

2.

» ces nuances se réunissent lorsqu'on les
» oppose à des noms qui rappellent la répu-
» blique ou l'usurpation des cent-jours. Il y
» a tel choix qui, sans importance immé-
» diate par lui-même, seroit un danger, uni-
» quement parce qu'il seroit un scandale. »
(*Journal des Débats.*) On disoit le 24 septembre : « Ce ne sont pas les rédacteurs de
» l'acte additionnel qui peuvent mériter de
» parler au nom de la Charte dans l'assem-
» blée de la nation. . . . .
» . . . . La Charte, ouvrage du
» Roi, ne sera pas remise entre les mains
» des hommes qui ont voté à la tribune l'exil
» de sa dynastie. » (*Journal des Débats.*)
Et l'on oublioit que la Chambre actuelle
des Députés compte dans son sein plusieurs
représentans de la Chambre de Buonaparte,
lesquels votent avec le ministère ; on oublioit
que d'autres *représentans* présidoient des
colléges électoraux, et que le ministère, par
conséquent, les avoit tacitement désignés
au choix de leurs concitoyens ; et l'on oublioit qu'il y avoit tel département où dans
ce moment même on portoit en entier la dé-
putation des cent-jours ; et l'on s'attiroit la

juste réponse d'un candidat qui, se croyant insulté, trouvoit étrange que le parti minis- tériel stigmatisât les hommes du 20 mars, quand on pouvoit en remarquer jusque dans les places les plus élevées.

On niera sans doute à présent la terreur que l'on a éprouvée, les confessions naïves qui en furent la suite : « La loi étoit défectueuse, on s'étoit trompé, on reviendra sur cette loi! » On ne parloit que d'union et de concorde; on conjuroit les plus obscurs royalistes de voler au secours du ministère; on faisoit l'éloge de ces royalistes, « Gens, s'écrioit-on, pleins » d'honneur et de probité. » Victoire obte- nue, frayeur oubliée : la veille on avoit em- brassé les royalistes; on leur tourna le dos le lendemain. « On se sert des traîtres, mais on » ne les aime pas, » disoit jadis un ministre. « On se sert de la fidélité, mais on ne l'aime » pas. » C'est ce que semblent dire nos mi- nistres aujourd'hui.

Est-ce donc ainsi, au milieu des lumières du dix-neuvième siècle, dans un royaume parvenu au dernier degré de la civilisation, chez une nation éclairée par sa récente ex- périence et par ses longs malheurs; est-ce

ainsi que l'on traite des hommes raison-
nables? Est-ce donc ainsi qu'on se précipite
en moins d'un an dans les contraires? A-t-on
le droit de désigner comme ne pouvant pas
être élus membres de la Chambre des Députés
des hommes qui remplissent d'ailleurs toutes
les conditions de l'éligibilité? Les royalistes
ont été dénoncés dans tous les journaux pour
les écarter des élections précédentes, une autre
classe de citoyens a été flétrie dans ces mêmes
journaux pour l'éloigner des dernières élections. Si les gazettes étoient libres, leurs opinions seroient sans conséquence; mais elles
sont esclaves, et ce qu'elles renferment devient la pensée du gouvernement. Au moment où il est le plus important sous un
régime constitutionnel de connoître l'opinion publique, on n'a entendu que l'opinion,
sans doute excellente, de quelques hommes
en place, mais qui pourtant en avoient une
toute contraire il y a neuf mois, puisqu'ils
envoyoient voter aux élections de 1816 les
hommes qu'ils déclaroient indignes d'être
élus aux élections de 1817.

Ces déplorables variations nous annoncent-
elles un nouveau système politique? Allons-

nous voir le retour des royalistes? Autre inconséquence : on n'en veut point. A la seconde restauration on fit des épurations dans un sens; on appela quelques royalistes, puis on les destitua pour remettre en place les premiers *épurés ;* et maintenant ces hommes de choix sont traités une seconde fois en ennemis. Quand en finirons-nous? On embrasse un système; puis on en a peur; puis on n'a pas la force d'en changer; on blesse toutes les opinions , on se rend suspect à tous ; et, au milieu des haines qu'on a ranimées, n'effaçant point les maux du passé , ne préparant point le bonheur de l'avenir , on reste environné d'une multitude d'ennemis qui , fatigués par leurs souffrances , vous déclarent ou peu sincères , ou incapables de conduire les affaires humaines.

Voilà , considéré dans son esprit général , ce système politique offert à notre admiration et à celle de la postérité. Voyons maintenant quelles lois on a proposées , et si on a mieux compris , sous ce rapport, les intérêts de la monarchie légitime et les principes de la Charte. .

Commençons par la loi des élections.

On évitera de répéter ici ce qu'on a dit contre cette loi : jamais discussion ne fut mieux approfondie dans les deux Chambres (1).

Lorsqu'on songe que l'article principal de cette loi n'a été emporté dans la Chambre des Députés que par une majorité de douze voix, et dans la Chambre des Pairs que par une majorité de quatorze ; qu'ainsi sept voix dans la Chambre des Députés et huit dans la Chambre des Pairs passant à la minorité, auroient suffi pour changer toute l'économie de la loi ; lorsqu'on songe que, pour obtenir la victoire, il fallut faire venir à la Chambre des Pairs ceux de ses membres dont les infirmités demandent habituellement le repos ; que cinq ou six pairs opposés à la loi n'assistèrent pas à la séance, il y a certes de quoi faire hésiter les ministres eux-mêmes dans le jugement qu'on doit porter de cette loi.

Chez nos voisins, un bill fondamental que n'auroit pas accueilli un plus grand nombre

(1) Si on désiroit en revoir le tableau, on le trouvera supérieurement exposé dans l'*Histoire de la Session de* 1816, par M. Fiévée.

de suffrages eût été retiré par le ministère. Les ministres français, plus éclairés sans doute, continuent à s'applaudir de la loi des élections. « *L'ordonnance du 5 septembre,* » vient de nous dire l'un d'eux, *et la loi des* » *élections lui ont appris* (au peuple) *quels* » *étoient les véritables défenseurs, les vérita-* » *bles amis de la Charte et de la liberté.* » (*Discours de M. le ministre de la police générale.*) Paroles étranges après la frayeur que l'on a montrée lors des élections, et après les articles de journaux que je viens de citer!

On n'entrera point dans les raisons de la terreur éprouvée relativement à certains candidats; terreur injurieuse pour ceux qui l'inspiroient, et qu'auroient dû cacher ceux qui l'ont ressentie. Admettons un moment, contre notre conviction intime, que ces raisons soient fondées. Quoi! parce que des hommes, dont les principes effrayoient les ministres, n'auront manqué leur nomination que d'un petit nombre de voix, vous chanterez victoire! Vous êtes contens de la loi des élections, je vous en félicite : mais je ne vous félicite pas d'avoir appris à la France et à l'Europe, par des journaux soumis à votre censure, qu'il y a

tel département où près de la moitié des électeurs présens ont donné leur voix à des
hommes qui, selon l'expression de ces mêmes
journaux, ont voté à la tribune l'éternel exil
de la dynastie des Bourbons.

La question touchant la loi des élections
n'est donc pas, pour le ministère, de savoir
si on évitera une fois, deux fois peut-être,
par un concours fortuit de circonstances,
des députés tels que ceux qu'il a proclamés
dangereux d'une manière si inconstitutionnelle, pour ne pas me servir d'un mot plus
dur; il s'agit de dire si, dans un temps donné,
ces députés n'arriveront pas, malgré l'opposition de l'autorité. Le problême peut se ré-
soudre par une simple opération d'arithmé-
tique : combien faut-il de réélections pour
que les candidats dénoncés par les journaux
soient en majorité dans la Chambre? Faites
la règle de proportion, et additionnez.

On reproduira sans doute le puissant rai-
sonnement qu'on a coutume de faire : « Puis-
» que les hommes que nous craignons sont si
» forts, il faut donc les caresser. Donc, au
» lieu de réviser la loi des élections, il faut

» nous jeter dans les bras de ceux que nous
» avons déclarés nos ennemis. »

Mais pourquoi donc alors avez-vous voulu
les écarter des élections? Vous caresserez
ceux que vous venez d'outrager? Ils vous mé-
priseront : l'empire romain paya tribut aux
Francs, pour acheter momentanément une
paix avilissante qui finit par une guerre d'ex-
termination.

Si donc on ne veut d'abord considérer la
loi des élections que dans les intérêts des
hommes en place qui l'ont proposée, il est
évident que ces hommes ont méconnu leur
foiblesse : ils ont cru qu'il existoit un parti
moyen avec lequel ils remporteroient la victoire. Dans cette persuasion, ils ont méprisé
et les royalistes qu'ils avoient repoussés des
élections de 1815, et les indépendans (1) qu'ils
vouloient exclure des élections de 1816. Ce-

---

(1) C'est surtout dans un écrit de ce genre qu'il
faut être clair, et se faire entendre de tout le monde.
On a donc été forcé d'employer les noms sous lesquels les différentes opinions sont classées aujour-
d'hui. Ce n'est pas toutefois sans un profond regret :
les royalistes savent trop combien de souvenirs dou-

pendant, quand on administre, on ne devroit
par ignorer les faits; or, les faits, les voici:

La loi des élections désigne en général une
classe d'électeurs où les royalistes ne sont
peut-être pas aussi nombreux que dans les
classes qui paient moins ou plus de cent écus
de contribution. Malgré ce désavantage de
la loi, il est cependant prouvé, par une
moyenne proportionnelle prise dans les
départemens appelés aux dernières élections, que les opinions se sont montrées
dans les rapports suivans : deux cinquièmes
de royalistes, deux cinquièmes d'indépendans, un cinquième de ministériels; de sorte
que, si tantôt les royalistes dans la crainte
des indépendans, tantôt les indépendans dans
la crainte des royalistes, n'eussent passé aux
ministériels, ceux-ci n'auroient pas eu un seul
député; de sorte encore que si, l'année prochaine, les indépendans et les royalistes votent
constamment dans leur ligne, sans se joindre
aux ministériels, les élections seront toutes

---

loureux s'attachent à ces désignations, qui commencent par n'exprimer que des opinions, et
finissent par marquer des victimes.

indépendantes et toutes royalistes; de sorte encore que si les royalistes, fatigués d'une lutte aussi pénible, las d'un dévouement aussi mal apprécié, se retiroient des colléges électoraux (1), les indépendans obtiendroient un triomphe complet.

Dans cette circonstance que fera le ministère ? Il cassera la Chambre! Le peut-il aujourd'hui, d'après son opinion même, sans danger pour lui ou pour la légitimité ?

Sans danger pour lui si les élections sont royalistes et indépendantes.

Sans danger pour la légitimité si les élections sont purement indépendantes, à en juger par tout ce qu'il a voulu nous faire entendre dans son attaque contre les indépendans.

Ne seroit-ce pas une chose funeste si le premier essai qu'on a fait de la loi des élections mettoit, sous le présent ministère, un obstacle moral à l'exercice de la prérogative la plus importante de la couronne ?

Que quelques hommes se fussent trompés

---

(1) Dès cette année, un grand nombre d'électeurs royalistes ne se sont point rendus aux élections : ils ont eu tort.

dans leurs intérêts particuliers , il faudroit
bien s'en consoler : cela prouveroit seulement
qu'ils ont eu tort de blesser les deux classes les
plus nombreuses de la France , en croyant
qu'elles n'étoient rien, et qu'ils étoient tout.
Mais s'ils s'étoient mépris sur les intérêts de
la monarchie , il faudroit déplorer cette
erreur. Il est bien à craindre qu'une loi des
élections, où l'influence légale de la grande
propriété , et le patronage des grands digni-
taires , ne balancent pas assez l'action popu-
laire , ne sème de nouveau dans nos institutions les germes du républicanisme. Le
projet de loi de recrutement vient encore
augmenter les craintes des amis de la monarchie.

Ce projet viole ouvertement plusieurs
articles de la Charte : sans m'arrêter à ses
nombreux inconvéniens , le Titre de *l'avancement* dépouilleroit la couronne de sa plus
importante prérogative ; le Roi cesseroit,
pour ainsi dire, d'être le maître de l'armée ,
et une fatale confusion feroit passer le pouvoir exécutif au pouvoir législatif : ce fut la
grande faute de l'assemblée constituante. Ainsi
la révolution ne nous auroit rien appris ! La

même témérité qui nous poussoit au milieu des écueils avant la tempête , nous suivroit encore après le naufrage.

Dans les républiques même , l'avancement dans l'armée n'a jamais été réglé par une loi : dans une monarchie , c'est tout au plus matière à une ordonnance. Le Roi même n'a pas le droit de se dépouiller de sa puissance exécutive : elle est inhérente à la royauté ; elle existe une et entière dans la couronne, pour le salut du peuple , pour la paix comme pour la gloire de la patrie.

On a encore reproduit cette année une triste loi d'exception pour les journaux : la discussion de cette loi a donné lieu à un reproche auquel il faut d'abord répondre.

On reproche donc à la minorité royaliste qui vote aujourd'hui pour la liberté de la presse , d'avoir laissé passer en 1815 , lorsqu'elle étoit majorité , la loi sur la censure des journaux.

Remarquez d'abord que c'est la Chambre des Députés de 1814 , et non pas celle de 1815 , qui avoit établi provisoirement la censure : la Chambre de 1815 n'a fait que la proroger relativement aux journaux ; mais

dans quelle circonstance l'a-t-elle fait? Après
les cent-jours, au moment où la France venoit
d'être bouleversée , où l'on étoit environné
de tant de factions, où tant d'intérêts froissés,
tant de passions émues menaçoient l'existence
de la monarchie, où tant d'hommes comblés
des bienfaits du Roi s'étoient livrés à la plus
inconcevable trahison, où les alliés occu-
poient Paris, Lyon, Marseille, la France
enfin jusqu'à la Loire!

Si les deux Chambres, dans des circonstances aussi graves , ont cru devoir accorder
une répression temporaire de la presse,
sied-il bien au ministère , qui demande encore cette répression , de le leur reprocher
aujourd'hui? Et parce qu'elles ont voté alors
pour la censure, sont-elles obligées de maintenir cette même censure , lorsque les circonstances ont changé ? Quand le parlement d'Angleterre suspend l'*Habeas cor-
pus* , s'oblige-t-il à le suspendre d'année
en année? Nous refusons la censure aujour-
d'hui , précisément parce qu'on l'a accor-
dée hier, et parce que n'étant plus utile
au salut de l'Etat, elle ne sert que les
passions d'une autorité qui en abuse.

On insiste : Comment se fait-il que la liberté des journaux (il ne reste plus à présent que cette question à traiter); comment se fait-il que cette liberté soit réclamée et par ceux qui pensent qu'elle est indispensable dans un gouvernement représentatif et par ceux qui la tiennent pour dangereuse ?— Cela vient de l'abus que l'on a fait de la censure. Si on eût laissé une honnête liberté d'opinions dans les gazettes ; si aucun homme n'y eût été calomnié, sans pouvoir au moins s'y défendre ; si l'on n'eût pas fait de la censure une arme de parti ; si tout ouvrage eût pu être annoncé avec louange ou blâme, selon l'opinion du critique ; si la censure se fût réduite à retrancher ce qu'elle eût voulu d'un article , mais sans y rien ajouter ; si l'on n'eût jamais forcé un rédacteur à recevoir, contre son gré, ces paragraphes politiques qui sentent encore les bureaux d'où ils sortent, si enfin on eût respecté les propriétés des journalistes soumis à la censure, il n'y a pas de doute que, par cette conduite adroite, on eût diminué les partisans de la liberté de la presse parmi ceux qui n'entendent pas bien la question constitutionnelle ; mais

3

quand la censure ne sert qu'à faire le mal et à s'opposer au bien ; quand les plus indignes libelles , quand les plus mauvais journaux circulent sans obstacles , tandis que les ouvrages les plus utiles et les journaux les mieux intentionnés sont de toutes parts entravés , l'homme le moins favorable à la liberté de la presse devient partisan de cette liberté : et, puisqu'il se sent perdu par l'esclavage des journaux, comme il craint de l'être par leur liberté, il aime mieux se ranger à une opinion qui lui donne un espoir de salut, que d'embrasser un parti qui , en le privant de tout moyen de défense, ne lui laisse pas même la chance du combat.

Mais ce ne sont là que des raisons tirées des opinions individuelles. En entrant dans le fond des choses , on sentira que des journaux , dans la dépendance de la police , changent et dénaturent le gouvernement représentatif , au point qu'on ne le reconnoît plus.

Sous le rapport de la politique extérieure , les membres des deux Chambres sont laissés dans une ignorance complète : nous sommes

réduits à chercher dans les feuilles publiques
étrangères les choses les plus importantes
pour notre patrie. Un correspondant de
Paris écrit dans le Courrier anglais : il y
calomnie souvent les hommes ; mais il
apprend aussi aux Anglais ce que font nos
ambassadeurs , quelles négociations sont
commencées, quels traités vont se conclure :
nous , nous ne valons pas la peine d'être
instruits de ce qui nous touche (1). Ces nouvelles cependant seroient aussi bien à leur
place dans nos gazettes que dans *le Courrier*,
et cela seroit plus honorable pour la France.

Sous le rapport de la politique intérieure,
on a dit ailleurs (2) comment la censure
attaque jusqu'aux principes de l'ordre judi-
ciaire, en défendant aux journaux, lorsqu'ils

---

(1) L'année dernière, j'ai révélé à la Chambre des
Pairs l'existence d'un traité (entre la France et la
ville de Hambourg), imprimé dans toute l'Europe,
excepté en France. Cette année , le Concordat a été
imprimé dans tous les journaux de l'Europe , et
même dans quelques journaux de nos départemens,
deux ou trois mois avant qu'on en ait permis la
publication dans les journaux de Paris !

(2) Voyez *la Monarchie selon la Charte*.

rendent compte d'un procès criminel, de parler de la partie des débats où se trouveroient mêlés quelques agens de la police (1).

Au reste, la police a un si grand intérêt à disposer des journaux pour jouir de l'impôt illégal de 550,000 fr., qu'il est tout naturel qu'elle veuille les retenir dans sa dépendance. Si nous étions en possession de nos libertés, à quoi serviroit la police, et de quoi vivroit-elle? Espérons pour l'avenir que sa dépense étant portée au budget, elle sera plus libérale sur la censure des journaux; qu'elle nous donnera le tableau de ses recettes et de ses dépenses, et imprimera la liste exacte de ses pensions?

Il y a imprévoyance dangereuse à ne pas

---

(1) Faudroit-il croire, dans un autre genre de procédure relative aux délits de la presse, ce que j'ai lu dans les *dernières conclusions* attribuées à MM. Comte et Dunoyer? Il résulteroit de ces conclusions, que les auteurs du *Censeur* auroient été recherchés pour des notes contre les missionnaires et contre des officiers vendéens ; notes qu'on leur avoit communiquées, et qu'ils ont pu croire sorties d'une source ministérielle. On attend encore l'explication qui seule peut faire cesser un pareil scandale.

accorder aujourd'hui la liberté des journaux
avec une bonne loi de répression. C'est une
maxime d'Etat, qu'un gouvernement ne doit
pas refuser ce que la force des choses est au
moment de lui ravir : aujourd'hui vous
obtiendriez une sage liberté de la presse,
demain on vous forcera peut-être d'en
supporter la licence.

Tout le monde veut que les journaux soient
libres, puisque ceux même qui s'opposent
à l'abolition de la censure cette année, nous
la promettent dans un an. Si tout se réduit
à une question de temps, tout se réduit donc
à savoir quelle sera l'époque la plus favorable pour établir la liberté de la presse :
or, pense-t-on qu'il sera moins dangereux
de l'accorder lorsque les alliés se retireront,
et que la loi des élections aura changé un
autre cinquième de la Chambre des Députés?
Ne seroit-il pas plus sage de nous habituer à
cette liberté tandis que nous savons encore
où nous sommes, et que nous marchons dans
nos vieux sentiers? Du moins le premier effet
seroit passé quand tout changera de face en
France; cette explosion ne viendroit pas se
joindre à celle que produira nécessairement

la délivrance de notre territoire. Si l'on son-
geoit un peu plus aux intérêts de la patrie, et
que l'on ne vît pas toujours dans la question
des journaux les soucis particuliers du ministère , on feroit attention à ce que je dis
ici.

N'apprendrons-nous jamais les affaires, et
verrons-nous encore se passer sous nos yeux
les choses dont nous sommes les tristes té-
moins? En vain une majorité est acquise, si
les lois qu'on lui présente sont tellement dé-
fectueuses que la raison les repousse , et que
la bienveillance la plus décidée ne puisse les
admettre sans amendemens ; forcée de voter
contre son penchant, cette majorité accuse
par son vote les auteurs de la loi encore plus
que la loi elle-même.

Le Concordat passera-t-il ? Non pas vrai-
semblablement sans éprouver une grande
opposition ; et cette opposition viendra
peut-être du côté où le ministère a cherché
son appui. Cela prouveroit qu'il n'a pas
bien connu les hommes. Des raisons secrètes
ou publiques, comme on l'a dit un moment ,
feront-elles retirer le Concordat? L'opinion
ne pardonne guère ces tâtonnemens ; et la

déconsidération marche pour les hommes d'Etat à la suite des essais et des demi-partis.

Enfin, remarquez le sort de la loi sur la liberté de la presse : on en sépare d'abord le dernier article de la manière la plus insolite, pour en faire une loi particulière, sans égard au rang qu'il occupoit dans la série des articles, sans égard à l'influence qu'il a pu avoir sur les opinions, sur la manière dont il a pu déterminer des amendemens, des suppressions ou des adoptions, lorsqu'il faisoit partie de la loi générale. Vite on porte à la Chambre des Pairs ce qui n'étoit dans l'origine ni un projet de loi, ni un article d'un projet de loi, ni un amendement de la Chambre des Députés à un projet de loi; mais un amendement de la commission de la Chambre des Députés fait au dernier article d'une loi composée de vingt-sept articles. On ne sait précisément quel sera le terme de l'existence de cet *Etre* extraordinaire, partie *périssable* d'une loi *immortelle* à laquelle il étoit attaché : la durée de sa vie dépend de la durée de la prochaine session.

Tandis que la loi générale est discutée lentement dans la Chambre des Députés, le mal-

heureux fragment de la loi a à peine le temps
de paroître à la Chambre des Pairs : il faut
qu'il soit voté avant le 31 décembre, afin
que l'ancienne loi expirante ait la consola-
tion de voir son héritière avant de mourir :
moins heureuse que l'esclave romain, la
pensée n'aura pas même dans l'année un
jour de fête où, sous la protection de quelque
divinité, elle puisse déposer ses chaînes.

A peine les ministres étoient-ils parvenus
à faire distraire de la loi générale l'article
concernant les journaux, qu'ils expioient
ce succès en perdant la majorité sur un
autre article : bientôt ils sont encore battus
sur un autre. Ils ont triomphé, il est vrai,
en fa sant rejeter l'amendement en faveur
du jury. Déplorable triomphe pour la France
et pour le ministère lui-même ! Quand on
livre aux disputes humaines ces questions
qui touchent à la fois aux intérêts les plus
chers et aux passions les plus vives, il faudroit du mo ns que le prix de la victoire en
compensât le péril. Enfin la loi est adoptée !
Quelques voix seulement la livrent comme à
regret au ministère qui ne craindra pas de
présenter à l'approbation de la Chambre des
Pairs, à la sanction du Roi, et au respect de

la Nation , un projet de loi auquel une majorité de dix suffrages donne à peine un commencement d'existence !

L'article sur les journaux sera peut-être
admis par la Chambre des Pairs ; mais comme
il n'a d'effet que jusqu'à la fin de la session sui-
vante , l'année prochaine les débats recom-
menceront. Rien de plus imprudent que de remettre chaque année en question les principes
de l'ordre social. Que résultera-t-il donc de
ces derniers débats? La profonde affliction que
causent à tous les Français des mesures si
fa'sses , des projets si mal conçus , des mé-
prises si fatales sur les choses et sur les
hommes.

Il reste à considérer le ministère dans ses
rapports avec la constitution , à examiner ce
qu'est devenue la Chambre des Députés sous
son influence , quelle notion il a du gouvernement représentatif , et quel est à cet égard
son savoir ou son ignorance : cela fait, on
aura parcouru tout son système.

La Chambre des Députés présente un
aspect aussi singulier qu'il est nouveau. Une
main peu sûre l'a laissée se briser en plusieurs
parties. Aux deux extrémités se présentent

les hommes qu'on voulut exclure des élections en 1815 et en 1816. Ils forment deux
minorités : ceux qui composent la première
sont les plus nombreux.

Au centre, dans ce qui devroit être la majorité, s'est formé un tiers-parti. Ce tiers
parti semble composé d'hommes éclairés qui
n'ont pu faire le sacrifice de leurs lumières
à des ministres qu'ils regrettent de ne pouvoir
suivre.

Ici l'on doit sentir, sous le simple rapport
du ministère, l'inconvénient d'une représen-
tation diminuée, et combien étoient dans
l'erreur ceux qui prétendoient qu'une chambre, réduite à deux cent cinquante-sept
membres, seroit plus facile à conduire qu'une
chambre composée de quatre cents membres
et plus. Dans une assemblée peu nombreuse
dix ou douze hommes, qui se groupent et
s'isolent, deviennent importans, et changent
la majorité. Le ministère est forcé d'enta-
mer des négociations avec ces petites puis-
sances ; il est à la merci de quelques voix
qu'il ne perdroit pas peut-être, si l'assemblée, plus nombreuse, lui permettoit de les
négliger.

La petite minorité dont le germe existoit dans la Chambre dès la session dernière, a pris des forces cette année. Elle vient de paroître avec mesure et talent, et a défendu comme l'ancienne minorité les principes conservateurs de la Charte.

Quant à cette ancienne minorité formée de la majorité de la Chambre de 1815, elle est tout juste dans la position où elle se trouvoit l'année dernière : elle continuera d'émettre son opinion selon sa conscience. La religion, la légitimité, la Charte avec toutes ses libertés, non pas arbitrairement suspendues par des lois d'exception, mais sagement réglées par des lois permanentes! voilà ce que veut cette minorité : tous ceux, sans acception d'hommes, qui voudront venir sur ce terrain, sont sûrs de la trouver : c'est là que sans intrigues, sans ambition, elle tiendra d'une main ferme le drapeau blanc à la tribune, et soutiendra une opinion qu'on cherche à décourager. La lassitude des royalistes seroit le plus grand malheur qui pût arriver à la royauté; pour ne pas sentir cette lassitude, il faut avoir une dose peu commune de longanimité.

La politique adoptée, en donnant naissance aux minorités royalistes des deux Chambres, a fait un mal incalculable. Ce sont des minorités contre nature : on ne s'accoutume point à voir dans l'opposition les plus fidèles soutiens du trône. De tous les devoirs que les royalistes aient eu à remplir jusqu'ici, le plus douloureux peut-être est d'être obligé de voter contre des projets qu'on leur présente comme émanés de la volonté du Roi.

L'opposition naturelle aujourd'hui seroit une opposition démocratique combattue par une forte majorité royaliste (1). Avec cette opposition, le ministère et l'Etat marcheroient sans craintes et sans entraves; mais quatre-vingts membres dans la Chambre des Députés, soixante au moins dans la Chambre des Pairs, presque tous connus par leurs sacrifices et pour leur attachement à la monarchie, plusieurs au service particulier du monarque et nobles compagnons de ses exils, forment des minorités trop extraordinaires, pour ne pas annoncer un vice radical dans l'administration.

(1) On a le bonheur de se rencontrer ici avec un orateur de la Chambre des Députés, M. Benoist, qui a très-bien exprimé et développé cette idée.

Vous avez beau dire que ce sont des hommes honnêtes, mais égarés; une erreur peut
appartenir à un homme, à quelques hommes, elle n'est pas le partage d'un nombre
considérable de sujets loyaux, dévoués, sincères, religieux. Qui peut donc les pousser
à une opposition si pénible pour eux ?
L'ambition? Mais dans ces nobles vieillards
de la Chambre des Pairs, fatigués des tra-
verses d'une longue vie, on n'a jamais re-
marqué que l'ambition de s'attacher aux pas
d'un monarque malheureux, de lui aider à
soutenir sa couronne, lorsqu'elle pesoit sur
sa tête royale. Courtisans des temps de son
adversité, ils ne veulent point être ses ministres au jour de sa fortune. Ils ont un
plus beau titre à garder, un titre que la fidélité leur donne, qu'aucune puissance ne peut
leur ravir : ils sont les amis du Roi.

On ne voit dans l'ancienne minorité de
la Chambre des Députés, que des citoyens
modestes, fidèlement attachés ou noble-
ment revenus au trône. Qui les console
dans leurs pénibles travaux? Ont-ils comme
en Angleterre des journaux qui les défendent, des fortunes, une existence, qui les
dédommagent de la perte de la faveur? Les

rencontre - t - on chez les ministres? Intri-
guent-ils dans les antichambres? Ils vivent
entre eux dans la simplicité de leurs mœurs,
sans prétention, sans autre but que celui de
faire triompher la monarchie légitime, sa-
crifiant en silence jusqu'aux intérêts de leur
famille enveloppée dans leur disgrâce, et
n'opposant aux calomnies que le témoignage
de leur concience. Ils ne tirent aucun parti
de leur renommée; ils la quittent pour ainsi
dire avec leur habit, et ne la reprennent
qu'à la tribune : ces hommes de bien si re-
doutables aux ministres, si estimés dans
toute la France, sont à peine aperçus dans
Paris.

Une opposition pareille a nécessairement
une influence considérable sur l'opinion. Par
quelle fatalité a-t-on fait deux choses de la
royauté et des royalistes! Les gens simples
ne comprennent rien à cette distinction bi-
zarre; ils ne savent où est la vérité, de quel
côté il faut qu'ils se rangent : ainsi se trouve
rompu ce faisceau de volontés sur lequel la
France doit s'appuyer, et dont elle doit tirer
sa défense et sa force.

On entend une clameur : *Les royalistes*
voter avec les indépendans! Les royalistes

inscrits avec eux pour parler contre la même
loi ! Quel malheureux esprit de parti !

Mais qui donc élève cette clameur ? Qui
donc est si jaloux de l'honneur des royalistes?
Seroit-ce par hasard leurs ennemis ? Ils ont
donc une idée bien haute de notre vertu !
Depuis deux ans on calomnie les royalistes
de la manière la plus honteuse : on essaie
d'armer contre eux l'opinion publique ; tous
les journaux, même les journaux étrangers à
la solde française, les déchirent ; on voudroit
les perdre dans toute l'Europe ; et quand
l'histoire fouillera les archives, aujourd'hui
fermées à ses recherches, elle y découvrira
peut-être des documens qui prouveront à quel
point la haine a poursuivi la fidélité. On a
tout fait souffrir aux royalistes ; et parce qu'on
s'est mis dans une position périlleuse, on
trouvera mauvais que les royalistes ne s'em-
pressent pas de tendre la main à leurs im-
prudens persécuteurs ? C'est la patrie ,
dit-on , qu'il s'agit de sauver ! Et qu'est-ce
qui a compromis la patrie ? N'est-ce pas une
politique étroite et passionnée qui a produit
les divisions existantes aujourd'hui ? Si on
ne change pas de système , le plus grand
malheur ne seroit-il pas de maintenir au

pouvoir ceux qui nous perdent par ce système ? Leur retraite, dans ce cas, n'est-
elle pas la première condition du salut de
la France ?

L'ancienne minorité de la Chambre des
Députés voter avec la nouvelle ! Et pourquoi ceux qui se scandalisent de cette coïn-
cidence de votes, sont-ils plus scrupuleux
pour les royalistes que pour eux-mêmes ?
Ne votèrent-ils pas pour la loi des élections
avec ces mêmes hommes dont la faveur est
passée aujourd'hui ? On eut besoin des indépendans pour faire un 5 septembre contre
les royalistes ; voudroit-on aujourd'hui employer les royalistes pour faire un autre
5 septembre contre les indépendans ?

Les royalistes défendirent l'année dernière
la liberté de la presse : falloit-il qu'ils chan-
geassent d'avis cette année, parce qu'une
autre minorité partage leur opinion ? Et
que deviendroient leurs discours de l'autre
session ? S'ils pouvoient changer si subite-
ment de doctrine sans raison palpable et
motivée, ne seroient-ils pas et ne mérite-
roient-ils pas d'être la fable de l'Europe et
de la France ? On disoit que les royalistes
étoient implacables ; et on va trouver mau-

vais à présent qu'ils ne se précipitent pas
sur des hommes qui sont d'accord avec eux
dans une discussion capitale!

Grâces à Dieu, la querelle des hommes
tire à sa fin entre tout ce qui ne veut pas
le despotisme ministériel : les bons esprits
sentent la nécessité de se fixer dans des principes qui n'aient pas la mobilité des passions.
Tout ministère qui ne sera pas franc dans
l'exercice de la constitution , qui n'em-
brassera pas le gouvernement représentatif avec toutes ses libertés , toutes ses conséquences , tous ses inconvéniens comme
tous ses avantages , tombera écrasé sous le
poids de ce gouvernement. Bonne foi et talent, voilà ce qu'il faut maintenant pour
nous conduire ; et la bonne foi et le talent ne
sont point le partage exclusif d'une classe
d'hommes. Les royalistes ne repoussent que la
lâcheté et le crime, ils ne sont point ennemis
des opinions. Quant à l'auteur de cet écrit, il
pense qu'on peut rencontrer des amis sincères de la monarchie constitutionnelle jusque
dans les rangs des anciens partisans de la
république (lorsqu'ils n'ont pas commis de
crimes), parmi ces hommes dont les premières erreurs ont eu un fond de noblesse ;

il croit encore que les enfans de nos vic-
toires récentes sont désormais disposés à se
joindre aux vieux soldats de notre antique
gloire : aimer l'honneur, c'est déjà aimer le
Roi. Mais défions-nous de ces suppôts de la
tyrannie, prêts à servir comme à trahir tous
les maîtres, qui, toujours attendant l'événe-
ment, en ont toujours profité, esclaves que
rien ne peut rendre libres, et dont la Charte
n'a fait que des affranchis.

Que faut-il conclure de la rencontre des
deux minorités dans des principes communs
de liberté et de justice? Que cette réunion
est la plus sévère critique du système que
l'on suit, et l'accusation la plus grave que
l'on puisse former contre ce système.

Enfin on s'écrie que c'est par esprit de parti
que les royalistes combattent pour la Charte,
pour la liberté de la presse ; qu'au fond, ils
n'aiment pas ces libertés. Cet argument est
usé : la persévérance des royalistes dans leurs
opinions détruit, à cet égard, toutes les insi-
nuations de la calomnie; mais, pour tran-
cher la question d'une façon péremptoire,
qu'il me soit permis de citer un exemple.

Dans un Rapport sur l'état de la France,

fait au Roi dans son conseil, à Gand, je
m'exprimois de la sorte :

« Sire, vous vous apprêtiez à couronner
» les institutions dont vous aviez posé la base,
» en attendant dans votre sagesse l'accom-
» plissement de vos projets. . . . . ⸿
» Vous aviez déterminé une époque pour
» le commencement de la pairie héréditaire;
» le ministère eût acquis plus d'unité; les
» ministres seroient devenus membres des
» deux Chambres, selon l'esprit même de
» la Charte; une loi eût été proposée afin
» qu'on pût être élu membre de la Chambre
» des Députés avant quarante ans, et que les
» citoyens eussent une véritable carrière po-
» litique (1). On alloit s'occuper d'un Code
» pénal pour les délits de la presse, après
» l'adoption de laquelle loi la presse eût été
» entièrement libre, car cette liberté est in-
» séparable de tout gouvernement représen-
» tatif (2). On avoit d'ailleurs reconnu l'inu-

_____

(1) On peut remarquer que l'ordonnance du 13
juillet 1815 étoit basée sur ces principes.

(2) Voilà, je pense, la liberté de la presse assez
franchement demandée, et l'époque de la demande
n'est pas suspecte.

» tilité ou plutôt le danger d'une censure,
» qui, n'empêchant pas le délit, rendoit les
» ministres responsables de l'imprudence
» des journaux . . . .

» Sire, et c'est ici l'occasion d'en faire
» la protestation solennelle, tous vos mi-
» nistres, tous les membres de votre con-
» seil sont inviolablement attachés aux prin-
» cipes d'une sage liberté. Ils puisent au-
» près de vous cet amour des lois, de l'ordre
» et de la justice, sans lesquels il n'est point
» de bonheur pour un peuple. Sire, qu'il
» nous soit permis de vous le dire avec le
» respect profond et sans bornes que nous
» portons à votre couronne et à vos vertus,
» nous sommes prêts à verser pour vous la
» dernière goutte de notre sang, à vous
» suivre au bout de la terre ; à partager
» avec vous les tribulations qu'il plaira au
» Tout-Puissant de vous envoyer, parce
» que nous croyons devant Dieu que vous
» maintiendrez la Constitution que vous
» avez donnée à votre peuple ; que le vœu
» le plus sincère de votre âme royale est la
» liberté des Français. S'il en avoit été au-
» trement, Sire, nous serions toujours
» morts à vos pieds pour la défense de votre

» personne sacrée, parce que vous êtes
» notre seigneur et maître, le Roi de nos
» aïeux, notre souverain légitime ; mais,
» Sire, nous n'aurions plus été que vos
» soldats, nous aurions cessé d'être vos
» conseillers et vos ministres (1). »

Que ceux qui accusent les royalistes de
n'être pas de bonne foi dans leur attachement à la Charte, de n'avoir pris qu'un
masque de circonstance; que ceux-là disent
pourquoi à Gand un royaliste qui ignoroit
quel seroit le terme de son exil et l'issue des
événemens, qui n'étoit ni Pair de France,
ni opposé à un ministère dont l'existence
même ne pouvoit pas être prévue; qu'ils
disent pourquoi ce royaliste réclamoit si

_____

(1) Voyez ce discours dans mes *Mélanges de Politique*, tom. 1, pag. 338. Il n'a été permis à aucun
journal d'annoncer ces *Mélanges*, apparemment à
cause de la préface qui commence le recueil, et *de
la Monarchie selon la Charte* qui le finit ; car je ne
suppose pas que la brochure *de Buonaparte et des
Bourbons*, les *Réflexions politiques* dont le Roi avoit
daigné approuver l'impression, quelques morceaux
écrits à Gand pour les affaires du Roi, et mes *Opinions* à la Chambre des Pairs, soient mis à l'*index*
de la police. Qui sait pourtant ?

hautement les libertés constitutionnelles ?
qu'ils disent si le langage qu'il tenoit alors,
diffère de celui qu'il tient aujourd'hui ; si
sa franchise à la tribune a surpassé celle
qu'il a montréé dans le conseil ? Un homme
qui, suivant son prince malheureux, a
pu faire à ses pieds, en terre étrangère,
une pareille profession de foi, a peut-être
quelques droits d'en être cru sur parole,
lorsqu'il soutient des principes généreux,
et qu'il les allie à d'inaltérables sentimens
d'amour et de fidélité pour son Roi.

Ce qui, à chaque session, à chaque question nouvelle, semble remettre en doute
l'influence du ministère sur les Chambres,
c'est qu'il ne s'est pas bien pénétré des doctrines du gouvernement constitutionnel.

Lorsque la restauration est venue nous
sauver, par un mouvement naturel on s'est
reporté au commencement de nos troubles ;
et les vingt-cinq années de nos malheurs
s'évanouissant comme un mauvais songe ;
on a repris la monarchie là où on l'avoit
laissée. Cependant les choses n'étoient plus
les mêmes : le Roi dans sa magnanimité nous
avoit donné une Charte ; avec cette Charte,
nos devoirs avoient changé ; mais les hommes

appelés au pouvoir virent que le rétablisse-
ment du trône avoit réveillé dans nos cœurs
cet amour inné des Français pour les enfans
de saint Louis. Ils se hâtèrent de profiter de
ce sentiment pour échapper aux entraves de
la Charte Au lieu de rester à leur poste devant le Roi , ils passèrent derrière , afin de
couvrir la responsabilité du ministre de l'in-
violabilité du monarque. Ainsi retranchés ,
ils se flattèrent de conduire la monarchie nouvelle avec les maximes de l'ancienne monarchie. De là, le combat qui s'est engagé entre
le ministère et les Chambres : le ministère
s'exprimant d'un ton absolu , s'efforçant
d'emporter tout de haute lutte au nom sacré
du Roi ; les Chambres réclamant la liberté
de leurs opinions , et voulant renfermer le
ministère dans les principes.

Telle est la première cause qui empêcha
certaines personnes de bien comprendre l'esprit de la Charte. Il y a une autre raison qui
rend aussi quelques hommes étrangers à
l'ordre actuel : ils conservent le souvenir
des institutions de Buonaparte. On n'a d'un
côté pour conduire la monarchie représentative que les traditions de la monarchie
absolue, et de l'autre que l'expérience du

pouvoir arbitraire. Remarquez la manière
dont on interprète les lois, le soin avec
lequel on va déterrer celles qui furent inven-
tées par le vandalisme conventionnel ou par
la tyrannie impériale ; lisez les discours prononcés dans quelques tribunaux, vous y dé-
couvrirez une antipathie secrète pour l'ordre
constitutionnel. Ne répète-t-on pas que les
Chambres sont moins un contre-poids qu'un
conseil pour l'autorité royale ? N'entend-on
pas dire qu'on peut gouverner avec des or-
donnances ; que les Français ne sont pas faits
pour une monarchie représentative ; qu'ils
sont las de ces corps politiques auxquels ils
attribuent tous leurs malheurs ? Tantôt on
confond le ministère avec le trône ; on soutient qu'attaquer le premier, c'est attaquer
le second ; tantôt, pour un autre motif, on
en fait une puissance séparée ; on parle des
principes *qui lient le ministère au Roi*, *et le*
Roi au ministère, créant ainsi en théorie de
petits souverains qui sembleroient avoir des
principes et un pouvoir indépendans de ceux
du Monarque. On perpétue des lois d'exception qui perpétuent le ministère de la police
générale ; tribunal d'inquisition politique,
qui, dans un moment de crise, a pu avoir

son utilité, mais dont l'existence est défini-
tivement incompatible avec un gouvernement constitutionnel. On a surtout horreur
de cette liberté des journaux qui déjoueroit
tant de petits projets, qui mettroit à nu tant
de médiocrité. On introduit dans l'administration ce despotisme sauvage qui déplace
les hommes, sans égard à leur position,
afin de briser les volontés, et de n'avoir
partout que des machines. Buonaparte a
disparu, mais il nous a laissé les muets de
son sérail pour étouffer la liberté.

Il est au fond de la nature humaine quelque
chose qui semble militer en faveur du pouvoir absolu : ce pouvoir se présente comme
une idée simple ; et sous ce pouvoir il faut
moins d'habileté à l'ambition pour parvenir.
Quand on n'a pas les vertus nécessaires
pour n'obéir qu'aux lois, on a un penchant
naturel pour être l'esclave des hommes ;
mais quiconque voudroit ramener avec la
Maison de France le despotisme de l'usurpateur, perdroit la légitimité.

Il est tout simple cependant que des
hommes jadis en pouvoir sous Buonaparte,
aient un penchant secret pour son système
d'administration. L'admiration qu'ils ont

pour ce système est une illusion d'amour-
propre. « Tout alloit bien, disent-ils en eux-
» mêmes: nous gouvernions. » Et ils s'imagi-
nent qu'ils avoient fait Buonaparte, et ils ne
voient pas que c'est Buonaparte qui les avoit
faits! Instrumens de la force, ils obéissoient
comme ces machines qui taillent le fer, qui
font des ouvrages prodigieux par la violence
du torrent qui les pousse, ou du feu qui les
soulève; ôtez le moteur, il ne reste plus
que des pièces inertes et impuissantes.

Les efforts du ministère entre les trois
divisions de la Chambre des Députés seront-
ils couronnés du succès? Nous l'ignorons;
mais nous savons que, dans une monarchie
représentative, le gouvernement doit avoir
une majorité compacte, sûre, imperturba-
ble. Un ministère, obligé de négocier entre
un tiers parti et deux minorités pour acqué-
rir la majorité; un ministère, forcé de s'appuyer de l'une ou de l'autre de ces minorités
pour faire passer les lois, un tel ministère
n'est maître de rien, et doit tout perdre.

On seroit tenté de regarder l'existence
du ministère actuel comme un phénomène.
Il ne se rattache point à l'opinion royaliste; il ne s'appuie pas sur l'opinion indé-

pendante ; une partie des hommes qui le
suivoient, semble se séparer de lui : à quoi
tient-il donc ? Nécessairement les opinions
diverses des différentes parties de la Chambre
des Députés offrent la réunion complète des
opinions de la France, et le ministère ne se
trouve dans aucune de ces opinions. Auroit-
il conçu le projet de les combattre toutes,
et de se maintenir par une portion de cha-
cune ? Plus d'une fois à ce jeu funeste on a
perdu les Etats.

En y regardant de plus près, on trouve que
le ministère isolé de la nation, a cependant
un parti.

Ceux qui dans l'origine donnèrent naissance au système politique si menaçant aujour-
d'hui, ce furent une trentaine d'hommes qui
s'arrangèrent pour renfermer l'autorité admi-
nistrative dans leur petit cercle, et la conserver à tous prix. Tenant entre leurs mains
les places qui séduisent, l'argent qui enchaî-
ne, les journaux qui trompent, ils parvinrent
à diriger les ministères, à créer une opinion factice, à faire un moment illusion à
l'Europe. Ils nous ont mis à peu près dans la
position où nous étions à S.-Denis, lorsqu'on
prétendoit qu'il étoit impossible d'entrer à

Paris avec la Maison du Roi, une garde natio-
nale et un peuple qui n'attendoient Louis-
le-Désiré que pour le bénir. Une poignée
de fédérés tenoit les barrières fermées ; et,
pour vaincre cette grande résistance, il ne
s'agissoit rien moins que d'ouvrir une négo-
ciation et de prendre la cocarde tricolore.
Ainsi quelques hommes sans force réelle
gardent les avenues de la monarchie, et
disent à la foule des honnêtes gens : « Vous
» ne pouvez pas entrer, personne ne veut de
» vous ; vous n'êtes pas assez forts ; prenez
» nos couleurs. »

Ces trente inventeurs du système sont
donc des génies extraordinaires ? Pas du
tout : ce n'est qu'une coterie poussée par
une faction (1) : cette coterie a été forcée de
prendre son point d'appui dans cette faction.
C'est de là qu'elle tire sa puissance, c'est de
là que viendra sa perte. Pour se maintenir
elle sera obligée d'exagérer ses propres principes, parce que, dans les choses humaines,
tout ce qui ne croît plus est prêt à décroître.
C'est par cette cause que le ministère soumis

---

(1) Voyez *la Monarchie selon la Charte.*

malgré lui à l'action du système, tend con-
tinuellement à *s'épurer*, à se dégager des
hommes qui ne sont pas assez prononcés dans
un certain sens, pour les remplacer par des
hommes plus décidés ou plus soumis. Il arri-
vera, qu'à force d'épurations, l'esprit du gouvernement se trouvera changé, qu'une opinion aura pris la place d'une autre sans qu'on
s'en soit aperçu. Si alors, justement saisi
d'épouvante, le ministère veut reculer, il
perdra l'appui de la faction ; s'il continue
d'avancer, la faction l'engloutira.

Des hommes plus zélés que judicieux ont
coutume de citer l'Europe en témoignage
de la sagesse du système qu'on se permet
de combattre dans cet écrit.

Est-il certain que l'Europe favorise un
système dont elle a été la victime ? Voit-elle
sans inquiétude se rassembler les élémens
des tempêtes qui l'ont ébranlée? Elle n'a
rien à redouter des principes qui peuvent
consolider en France la monarchie légitime;
elle auroit tout à craindre des doctrines qui
rétabliroient parmi nous l'empire de la révolution. Si je traitois ce côté de la question,
j'y trouverois de grands avantages, en inspi-
rant aux rois une crainte salutaire; mais je

suis arrêté par un sentiment d'honneur : ma
cause me sembleroit mauvaise si je tirois mes
argumens d'une source étrangère. Je res-
pecte l'opinion de l'Europe ; mais elle ne
sera jamais une autorité pour moi, en ce
qui touche les intérêts particuliers de mon
pays : je suis trop Français pour oublier un
moment ce que je dois à l'indépendance de
la France.

J'ai dit quelques vérités ; je n'ai pas cru
devoir me tenir dans ce milieu, d'où l'on ne
peut atteindre à rien, et où aucun intérêt ne
vient aboutir. Des raisons et des phrases
affoiblies manquent leur effet : c'est avoir
l'inconvénient, et n'avoir pas le courage
de son opinion. Un imprudent système a
gâté le bien qu'il étoit si facile d'opérer.
Si par des raisons de parti, des craintes mal
fondées de réaction et de vengeance, on a
cru devoir verser du côté de la révolution,
a-t-on bien songé où l'on seroit inévitable-
ment conduit? A-t-on pensé à ce qui arri-
vera, lorsque la France devenue libre par la
retraite des troupes étrangères, nous nous
trouverons seuls en présence des passions
que nous aurons armées ? Sommes-nous sûrs

de pouvoir rétrograder? Sera-t-il temps de revenir? Déjà le mouvement nous entraîne ; déjà ceux qui sont dans ce mouvement ne s'aperçoivent plus de sa rapidité. Ils nous crient que tout est tranquille, parce que le tourbillon qui les emporte roule et se précipite avec eux. Les illusions sont grandes autour de nous. A Paris, des devoirs à remplir, des plaisirs à suivre, occupent la journée ; il faut conserver sa place, soigner sa faveur, faire son chemin, garder les bienséances de la société, ne choquer l'opinion de personne. L'atmosphère des cours a quelque chose qui porte à la tête et change l'aspect des objets. Toutefois ceux qui ont vu Buonaparte dans ses succès, les rois de la terre formant son cortége, huit cent mille soldats (et quels soldats !) soutenant sa couronne, tous les talens travaillant à immortaliser sa mémoire, savent combien il faut se défier du sourire de la Fortune. Vingt-cinq ans ont suffi pour enlever la Légitimité et l'Usurpation du même palais : l'une avec sa vieille Monarchie de quatorze siècles, l'autre avec son vaste Empire de quatorze ans : *transivi, et ecce non erat.* Rien n'est stable que la religion et la justice : heureusement le trône de Louis XVI étoit fondé sur ces bases , et c'est pour cette raison qu'il est aujourd'hui rétabli. Ah ! ne permettons pas qu'il soit exposé à de nouvelles secousses ; veillons à la garde de la couronne du meilleur et du plus révéré des monarques ; rétablissons nos autels ; épurons nos mœurs ; corrigeons nos lois en fondant nos libertés ; ne lassons pas la patience du Ciel, de peur d'aller grossir le nombre de ces nations punies pour des fautes qu'elles n'ont pas voulu reconnoître, et des crimes qu'elles n'ont pas assez pleurés.

FIN.

www.ingramcontent.com/pod-product-compliance
Lightning Source LLC
Chambersburg PA
CBHW070944280326
41934CB00009B/2004